AF503322

TALLIEN
LIVRÉ A LA CENSURE;

Par un ennemi des factions et des factieux.

Les éloges que Tallien s'est donné lui-même, m'ont toujours paru grandement étranges; ceux qu'il reçoit bévévolement dans un journal ci devant intitulé de son nom, semblent moins déplacés sous quelques rapports. Mécène, protecteur de Félhémési son secrétaire, il devoit en attendre un tribut de louanges mieux ou moins bien acquises, mal ou bien présentées. Puis, il faut en convenir, quelques attaques hasardées par Tallien, dans ces derniers tems, contre des scélérats, pouvoient lui mériter des félicitations. Mais pour les vrais amis de la patrie, il restoit une grande question à décider. Tallien est-il meilleur que ceux qu'il essaye d'attaquer? l'influence qu'il a voulu prendre sur l'opinion publique, ne seroit-elle pas dangereuse au salut commun? Allons à la reconnoissance de Tallien; examinons sa conduite présente et passée ; distinguons une fois ses paroles de ses actions. Je veux, s'il se peut, ressaisir le fil qu'il a secrètement rattaché lui-même, pour se retrouver dans le labyrinthe où il défie hardiment tout le public de le suivre. Il s'est livré à la censure : je n'y veux point mettre d'aigreur, je n'y veux qu'une sérieuse attention.

1°. J'examinerai quels sont les principes de Tallien depuis le 9 Thermidor ;

2°. Quels ont été ses principes durant sa mission dans le département du Bec-d'Ambès ;

3°. Quelle a été sa conduite à l'époque du 2 Septembre 1792.

Je vais déchirer le voile, puis-je dire à mon tour, et j'ajouterai que ce n'est pas pour me cacher sous les lambeaux?

§ Ier.

TALLIEN, depuis le 9 Thermidor.

L'on sait que Tallien s'est prononcé le 9 Thermidor contre Robespierre : l'on sait qu'il s'est prononcé depuis contre les jacobins de Paris et contre le vieux comité de salut public : l'on sait encore qu'il a émis son opinion sur la liberté de la presse.

Mais peu de personnes savent peut-être que Tallien avoit été un des agens confidentiels du vieux comité de salut public ; peu de personnes se rappellent que Tallien a été un des sectateurs brûlans du jacobinisme, et qu'il a concouru à comprimer l'opinion et anéantir la liberté de la presse.

Il n'a attaqué Robespierre que quand il en a été ouvertement menacé, et qu'il y avoit danger de mort ; il n'a frondé les jacobins qu'après en avoir été exclus ; il a insulté le vieux comité quand il l'a vu sans crédit ; et parce que aussi, peut-être, on ne pouvoit le respecter en assaillant les jacobins. Tallien enfin a défendu la liberté de la presse, quand il en a eu besoin pour se défendre lui-même.

Ce sont autant d'actions déterminées par un intérêt personnel et très-pressant. Ce ne sont point des principes : c'est l'effet de l'instinct qui porte chaque être à sa conservation, avec le dégré d'audace que lui inspire sa constitution.

Où chercherai-je donc les principes de Tallien ? Je les chercherai dans la portion de ses écrits, qui se trouve conséquente à ses actions. Dans ces traits de l'ame inaperçus de celui qui les laisse échapper, que la nature fait couler d'elle-même dans le tissu délié des ouvrages de chacun de nous; comme les traits de famille se peignent dans un enfant; comme tous les êtres générés conservent les caractères distinctifs de leur espèce; comme VALTER indiquoit les passions de l'ame dans l'attitude et le mouvement passagers des lèvres ou des autres traits du visage. Le moyen est délicat, dira quelque censeur? Mais attendons la fin, et l'on dira si le portrait de Tallien, aux trois époques de sa vie, n'est pas frappant de ressemblance.

Ma tâche ainsi déterminée, je me suis vu embarrasé pour savoir quel usage je ferois des articles non signés, dans le journal de Tallien, et des articles signés Félhémési. La déclaration publiée par Tallion, sur le titre de son journal, a fixé mon incertitude. En supprimant son nom dans le titre de sa feuille, afin de n'en être plus responsable, il a suffisamment déclaré jusqu'alors sa responsabilité.

D'ailleurs, une raison puissante m'auroit déterminé, sans cela, à Tallieniser ce journal tout entier; c'est le sytême de combinaison et d'intrigue qui me paroît régner entre Félhémési et Tallien.

Tallien dit-il quelque chose de blâmable ou de trop légèrement hasardé dans la Convention ? Félhémesi en donne une autre version dans le journal, et parvient à rendre Tallien intéressant. *(Voyez n°. 2 dudit journal, discussion sur la journée du 2 Septembre.*

Tallien dit-il quelques mots après un autre de ses collègues, sur quelque motion d'ordre ou d'utilité publique ? Félhémési, dans son journal, attribue tout l'honneur de la détermination ou de la distinction des principes à son héros favori. *(Voyez les 12 premiers n°s.*

Félhémési n'a pas même hésité de donner des extraits ridicules ou incorrects de plusieurs discours, pour rabaisser tout autre talent ou faire mieux ressortir son personage principal. *(Voir l'extrait d'une motion de Darçoy qui a mérité l'impression.*

Tallien est-il indiscrettement inculpé d'avoir des liaisons intimes avec une femme Espagnole, nécessairement attachée, par sa fortune et les liens du sang, à la cour de Madrid ? Félhémési devient chevalier de l'Espagnole et Champion de Tallien. Il veut rendre ridicule le républicain qui dénonce le luxe de cette étrangère ; un autre se plaint de la cabale que gouverne cette femme, dans une tribune où se distribuent des applaudissemens en l'honneur de Tallien. Félhémési pare à tous les coups, repousse tous les traits. On dit, il est vrai, que sous le bon plaisir de Tallien, l'Espagnole reçoit Félhémési journellement à sa table, et certes un chevalier admis à la table ronde doit, par courtoisie, défendre à tout venant la dame d'un autre chevalier.

Enfin, Tallien est-il inculpé d'avoir pris part aux évènemens des 2 Septembre? Félhémési fait bientôt imprimer les faits de cette journée, sur le rapport que lui en fait une seule personne, c'est-à-dire, Tallien ; il les intitule *Causes secrètes*, *vérité toute entière*, afin que les inattentifs ou les imprévoyans n'en recherchent point d'autres, et tout se trouve arrangé pour la décharge de Tallien.

J'ai donc la conviction intime que Félhémési n'est que la bouche de Tallien. Je pourrois distinguer leurs actions ; mais je confonds leurs discours.

Tallien étoit accusé par Robespierre, mal accueilli par les comités, et suspect aux jacobins. Après nous avoir lui-même raconté en mille endroits sa disgrace, il nous indique, n°. 2 de son journal, quel est le principe et la règle de sa défense. « Certain » poisson, quand il est poursuivi, noircit » l'eau qui l'invironne, et se dérobe par-là » à la poursuite de ses ennemis. » Tallien, à son tour, entreprend de broyer du noir; monte un journal, obscurcit, du mieux qu'il peut, l'élément politique dont il s'environne; il défie l'œil de le voir et la main de l'atteindre. Il annonce que l'audace peut tout faire, et qu'il s'est armé d'audace, n°. 1 du journal; ailleurs, il laisse échapper ainsi son secret. « *Celui qui s'est vu épouvanté » par les jacobins, a voulu assurer son existence; il ne veut pas plus être pendu par » les rois que guillotiné par les terroristes; » il faut abandonner les chefs, sauf à guerroyer ensuite et à se défendre, si on » le peut, contre l'aristocratie* ». (*n°*. 20 *de son journal.*)

Voilà donc les premiers préparatifs de *Tallien*: un journal, de l'encre, de l'audace. Voici ses principes: servir les rois pour n'être pas pendu; servir les terroristes pour n'être pas guillotiné; les abbandonner tous quand ils perdent leur crédit; en un mot, tout perdre pour se sauver soi-même, sauf à guerroyer, c'est-à-dire, faire une guerre de ruse contre ceux que l'on pourroit craindre encore.

Pour moyen d'exécution, Tallien emploie toutes les ruses de l'ancien comité qui n'étoient pas dédaignées de Robespierre. Il distingue et signale dans la société trois classes d'hommes ; l'une de patriotes ardens, l'autre d'aristocrates, et la troisième sans aucune limitation, si ce n'est celle que suggère l'esprit de critique par comparaison au démarcateur ; en sorte que Tallien comme Robespierre, comme les membres de l'ancien comité ne compose distinctement la bonne classe que soi-même, et plaçant les deux autres l'une à droite, l'autre à gauche, parle incessamment de la destruction de celle-ci, sans perdre de vue l'anéantissement de celle-là.

« Il faut, » dit-il, dans son n°. 5. « connoître les traîtres, les espions, les agitateurs, les ultra-révolutionnaires, leur pays, leurs noms, leurs moyens apparens et secret d'existence », c'est-à-dire, rappeller l'inquisition, la défiance et la terreur dans les familles, violer l'asyle des consciences, rétablir sous la dictature de Tallien le régime antérieur au 9 Thermidor ; *alors*, ajoute-t-il, *la France jouira du bonheur.*

C'est ainsi que l'ancien comité étendoit avec des mots indéfinis la longue série des gens prétendus suspects, et la nomenclature barbare des moyens de surveillance et des mesures révolutionnantes. Transplantez le discours du 5. n°. de Tallien, dans les anciens comités, et il s'y trouvera indigène, accord avec les fureurs cannibales des tyrans de ces derniers jours.

Faut-il se ménager aussi une attaque directe contre les patriotes ? le Robespierrisme le plus pur est dans la bouche de Tallien. « Ces patriotes sont des hommes habitués à obtenir » quelques succès à l'aide d'un certain jargon » patriotiquement contre-révolutionnaire ». n°. 5 ibid. Robespierre ! vieux comité ! Tallien ! où sont donc à votre compte les bonnes gens ? uniquement dans vos personnes excellentes, ou dans vos secrets affidés.

De l'audace, de l'encre, porter la séduction dans l'esprit du peuple, perdre tous ceux que l'on craint, répandre la suspicion et la proscription sur toutes les classes des citoyens, c'est la marche du pouvoir vers la tyrannie, c'étoit celle de *Tallien-Robespierrau*, frayée par tant d'autres.

Mais, dira-t-on peut-être, Tallien crie à bas la terreur ; il poursuit les terroristes ; il réclame la liberté des opinions. Eh bien ! qu'il s'accorde à lui-même ! Mais c'est en criant à bas la tyrannie qu'on a voulu l'établir, c'est en mettant à l'ordre du jour la vertu et la probité, qu'on égorgeoit, il n'y a qu'un instant, les hommes probes et vertueux. Ces déclamations sont les moyens et non les principes de ceux qui les publient.

J'ai suffisamment indiqué, je crois, les principes de Talien; j'en veux voir l'application à sa conduite.

Marcher, agir avec audace, perdre ceux que l'on craint, s'environner au besoin d'une profonde obscurité, faire une guerre de ruse contre ceux qu'on n'a pu détruire, se donner à propos en spectacle, se prêter des vertus et des talens, se faire prôner par un journaliste qu'on paie ou qu'on s'associe, rabaisser tous les talens supérieurs ou rivaux, jetter un levain de suspicion sur toutes les classes de citoyens, ôter à la société ce qui en est le ciment, la confiance entre ses divers membres; c'est préparer ou pour soi ou pour d'autres la puissance absolue.

Tallien a crié le 9 Thermidor, *je vais déchirer le voile*; et il ne nous a pas découvert encore l'arène d'intrigue et de crime qu'un voile épais nous dérobe en effet. Quelle apparence que Tallien remplit sa promesse? On lui crioit d'une tribune tu déchires le voile, *on pourra donc te voir.* Mais semblable à ce M. Coussi-Coussa, qui voyageoit chez les sauvages, mécontent des spectateurs, il plia ses cartons et ferma son optique. On ne vit donc ce jour-là que Robespierre, Couthon, Saint-Just, etc. A peine entendit-on, quand Tallien les accusa d'avoir voulu remettre le gouvernement dans les mains de la convention, et par ce moyen perdre tous ceux qui avoient abusé de leurs pouvoirs dans les comités et les commissions départementales. La rébellion à l'acte d'accusation, et l'insurrection de la municipalité de Paris arrêtèrent l'examen de ce grand procès; ainsi Tallien se sauva de l'accusation par le jugement de Robespierre.

Lés jacobins cependant voulurent voir à nud le déchireur de voile : celui-ci accourut pour se montrer du côté le plus flatteur; il fut vu, il fut expulsé. Le danger prochain d'une accusation le menaça de nouveau. Tallien, qui tenoit encore le doigt à la déchirure du voile, y plaça l'œil pour mieux considérer les mouvemens du peuple. Il vit qu'on s'agitoit contre les terroristes. Tallien promet encore de déchirer le voile; il désigne des terroristes dans les jacobins. Sans qu'il fût besoin de lui, l'opinion éclatoit déjà contre eux de toute part; mais comme la mouche du coche, il croit, lui aussi, pouvoir faire marcher le char de la révolution, pique l'un, pique l'autre, siffle aux oreilles de tous venans, éloigne encore une fois l'idée d'accusation qu'on avoit eu contre lui-même, et voit tranquillement disparoître les jacobins, ses seconds accusateurs.

Enhardi par de si heureux évènemens, il profite des premiers momens où l'opinion publique est occupée d'objets majeurs; il préconise alors ses vertus, défie la censure, invoque le témoignage des Bordelais. Un autre que Tallien eut été bien humilié du silence profond de ces nombreux témoins qu'il invoquoit. Carrier du moins pouvoit dire qu'une partie des Nantais l'avoit loué de sa conduite au moment de son départ, quelques vils que fussent ces louangeurs; Tallien n'a pas eu l'approbation d'un seul des Bordelais qu'il invoquoit.

Qu'importe? Tallien obscurcissoit d'autant la vérité, embrouilloit les faits, et fuyoit comme le poisson à l'encre, la main de ses accusateurs.

Tallien devoit craindre encore le témoignage de l'ancien comité, il l'a gagné de vitesse; et soit intrigue, soit bonheur, il a été l'un de ses successeurs immédiat. Cet évènement le nantissoit des pièces de correspondance qui lui étoient personnelles, durant ou avant sa mission ; sans doute il en aura profité pour préparer sa justification.

Quoiqu'il en soit, on remarquera que Tallien accepta ce nouveau poste avec la saillie de l'intérêt personnel. On dit, que sa belle espagnole étant alors dans les prisons réclamoit son puissant secours ; mais on remarquera de plus que Tallien fit retraite à l'instant où la patrie seule réclamoit ses travaux. Se retirer de la mêlée, sauf à guerroyer ensuite : la conduite a suivi le principe.

Voyons comment il a su guerroyer depuis sa retraite.

Il a attaqué les divers membres des comités dont il pouvoit craindre les dénonciations contre lui-même ; il a accusé Cambon, qui avoit des notions sur sa conduite à l'époque du 2 Septembre 1792 ; il a diffamé Garnier de Saintes, qui a réparé ses mille et une erreurs dans le département du Bec-d'Ambès ; il a dénoncé quelques représentans en mission dans les départemens, pour faire mieux présumer de la mission qu'il avoit occupée lui-même.

Il accuse Cambon d'avoir anéanti le commerce et persécuté les commerçans : la chose est vraie peut-être ; mais il oublie avoir désolé lui-même le commerce de Bordeaux ; avoir arrêté tous les chefs des grandes maisons dans une seule nuit ; avoir séquestré leurs effets, saisi leurs livres et leur correspondance, prescrit jusques dans les plus petits détails des gênes ailleurs inconnues ; avoir suspendu l'effet de toute condamnation et partant de tous engagemens commerçables.

Il accuse Ronsin d'avoir fait régner des bourreaux et des fripons. Il a raison peut-être, mais il oublie donc l'espèce d'hommes auxquels il a livré Bordeaux comme une proie. Semblable aux Lemberty de Nantes, un Lacombe vendoit la vie aux citoyens opulens, donnoit la mort à ceux qui ne vouloient ou ne pouvoient se racheter, Tallien défendoit par des placards l'improbité avouée de ce scélérat, sous l'affreux prétexte que les vertus républicaines étoient étrangères aux vertus de l'humanité.

Il accuse un autre d'avoir changé de vils histrions en juges, en membres de comités ; il oublie lui-même avoir rempli ses corps révolutionnaires à Bordeaux, des histrions les plus constamment improuvés, sifflés, méprisés.

Il fait un crime à Pinet d'avoir attribué

à des sans-culottes et à des comédiens une taxe de dix mille livres imposée sur des riches. Il a raison peut-être encore. Mais a-t-il oublié lui-même avoir imposé cinq cent mille livres de taxe sur les riches qu'il avoit fait emprisonner? Oublie-t-il les amendes excessives imposées sur les riches pour les sans-culottes? Oublie-t il que l'entreprise du grand spectacle de Bordeaux, qui représentoit un fonds d'un million cinq cent mille livres, a été enlevée par lui aux vrais propriétaires, et attribuée à des comédiens qui y étoient tous étrangers?

Quand Garnier de Saintes a été envoyé pour adoucir les maux qu'éprouvoient les Bordelais, Tallien a craint d'être trop-tôt connu. Il a sollicité ouvertement pour la continuation d'Izabeau, son collègue, dont il a préconisé la conduite.

On doit cependant observer qu'il étoit déjà en retard de rendre le compte de sa mission; qu'il avoit ajourné ce compte au retour d'Izabeau, son collègue. L'éloignement de ce dernier encore prorogé, retardoit donc ce fameux compte, en écartant un censeur des actes de sa mission passée.

Ainsi Tallien, accusant et sollicitant, se flattoit de n'être ni inculpé, ni connu.

Il se décore, dans un journal, du titre *d'ami*

des citoyens ; il y parle des événemens et de la politique de chaque jour. Puis tout-à-coup se rappellant les coups de massues qu'il a porté au commerce dans Bordeaux, il promet de dévouer sa feuille à la réparation de ce désastre, en la consacrant à l'utilité du commerce et des arts. Mais pour ne pas démentir sa conduite ordinaire, le commerce qu'il a oprimé en effet, et qu'il ne protège qu'en espoir, ne se trouve dans sa feuille qu'en dénomination ; cette feuille dérisoirement protectrice ou conservatrice, n'est rien moins qu'instructive sur son objet. Ce titre empyrique n'a produit, que je sache, d'autre effet, que d'empêcher un auteur, rempli de son sujet, de proposer une feuille du même nom (1).

En politique on voit Tallien chercher à diminuer la haine qu'inspirent Pitt et Cobourg; défendre ouvertement d'autres infâmes ministres de rois ; faire des ouvertures pour la paix ; propo ser le licenciement d'une partie de nos troupes ; jetter, à pleine main,

(1) Tallien, à l'époque où l'on écrivoit cet article, en étoit vers son 30e. no. On dit que dans les numéros suivans il s'est quelquefois occupé du commerce; mais les commerçans l'ont perdu de vue.

le ridicule

le ridicule sur un représentant qui dénonce le projet, qu'il dit avoir existé, de remettre un roi sur le trône; détourner encore cette même dénonciation faite par Cambon', sous le vain prétexte qu'elle est tardive; avouer lui-même que le 2 septembre il a préféré défendre, entre toutes les prisons, les prisons du Temple. On le voit ultérieurement essayer sur un peuple démocratique s'il lui resteroit quelque ressouvenir favorable à des rois.

Durant qu'il corrompt ou qu'il tente ainsi l'opinion publique, il n'omet rien pour s'en concilier la faveur. Ici il se ménage des applaudissemens par le secours de la belle étrangère qu'il gouverne et qui s'apposte dans une tribune, environnée de sectateurs auxquels elle commande. Un collègue de Tallien découvre la manœuvre, son observation judicieuse est vilipendée par Tallien.

Là, il se charge de porter sur la commission du commerce, tout le mécontentement que peut avoir le peuple à raison de la disette de plusieurs denrées. Ailleurs, il demande pour Paris, où les subsistances ne manquent point, l'abondance des subsistances. Plus loin, il décrédite le gouvernement des finances pour chercher une client[illegible] armi les mécontens ; il tente de renverser tous les hommes, tous les établissemens qui peuvent nuire à son propre crédit ; il dénonce, comme des crimes chez les autres, les actions qui lui ont été les plus familières. Il s'est armé d'audace ; il a étendu le voile d'obscurité sous lequel il se dérobe, au besoin; il y recèle sa conduite, ses actions, et nous provoque hardiment à les examiner. Que ne donnoit-il au public, où il veut être jugé, la connoissance de ses discours, de ses arrêtés, de ses lettres écrites du Bec-d'Ambès, et particulièrement de Bordeaux? Il a si bien obscurci l'élément qui l'environne, qu'on fut toujours incertain de tout ce qui le concerne; il ne se mit jamais en parfaite évidence; le doute enveloppe même les deux assassinats dont il s'est plaint. Il est d'autres hommes, comme lui, qui se tiennent perpétuellement dans un demi-jour; je ne suis pas étonné qu'en regardant vers le passé, ils ayent plus de hardiesse que tout autre à provoquer la censure.

§ II.

TALLIEN, durant sa mission dans le département du Bec-d'Ambès.

Après le décret qui frappoit de mort les Girondins; après un autre décret qui mettoit hors de la loi les membres d'une prétendue commission populaire établie dans Bordeaux, et tous ceux qui avoient adhéré ou concouru à ces mesures, Tallien fut envoyé en mission dans le département de la Gironde, nommé depuis Bec-d'Ambès, afin d'y faire exécuter la loi, et y rappeller le principe de l'unité de la République.

En cela il étoit l'agent d'un parti qui avoit alors perdu les girondins. Quelques personnes ont présumé que ce parti dominant étoit conduit alors par Danthon, Lacroix et Robespierre; quoiqu'il en soit, il est nécessaire de rappeller que dans la proscription des girondins, quelsqu'en soient les auteurs, il entra une telle précipitation, ou une telle fureur que l'on y enveloppa un député reconnu étranger au girondisme et à la commission des douze, qui en étoit, disoit-on, le centre. Au reste ce n'est pas un évènement singulier en matière de proscription.

Tallien envoyé en suite pour extirper le girondisme dans le lieu même où il avoit pris naissance, dans le département de la Gironde, étoit bien l'agent des anti-girondins, Danton, Lacroix, Robespierre, et autres.

Tallien alla poser le siège de son pro-consulat dans la petite ville de la Réole, sur

Garonne, à quinze lieues de Bordeaux. C'est de-là qu'il envoya ses émissaires, et fit ses déclarations aux Bordelais. Il alla d'abord avec son collègue Izabeau prêcher sa mission dans les communes qui l'environnoit ; destituer et emprisonner les partisans ou adhérans de la commission, dite populaire de Bordeaux ; réorganiser les autorités, et préparer une levée des habitans en masse.

Les habitans de Bordeaux furent donc alarmés d'abord par la menace d'une incursion de la part des paysans et des communes du département.

Après ces menaces, la première mesure effective de Tallien et d'Izabeau, son collègue, fut d'empêcher l'arrivée des comestibles à Bordeaux, sous le prétexte que la ville étoit approvisionnée secrètement, et que la famine qu'enduroit le peuple étoit l'ouvrage des riches égoïstes, qui regorgeoient, disoient-ils, de subsistances.

Bientôt chaque particulier un peu aisé s'empressa de déclarer la quantité de subsistances dont il s'étoit approvisionné. La plus part en firent l'offrande à leur section, pour n'avoir qu'un même sort avec leurs concitoyens. Par ce moyen on évita la guerre civile, le soulèvement des pauvres contre les riches.

Tallien et son collègue Izabeau en étant informés, se déterminèrent à envoyer aux Bordelais, qui s'étoient mis tous à la ration de huit onces de pain par jour, un petit approvisionnement journalier de matières, qu'ils dirent propres à être paniffiées, mais qui ne formoient en effet qu'une boue incohérente, fétide, incapable d'être fermentée et qui ne se soutenoit en masse qu'à l'aide des pailles et des herbes ligneuses dont on les mélangeoit.

Pendant quelques jours les farines que les particuliers aisés avoient portées à leur section, diminuèrent par leur mixtion l'horreur et le dégoût que causoient les matières de l'approvisionnement ; cependant les murmures éclatèrent ; on adressa des plaintes à Tallien et Izabeau séans à la Réole.

Ceux-ci répondirent, par une lettre imprimée, que les matières de leur envoi étoient de la meilleure qualité ; que si le peuple avoit de mauvais pain c'étoit par la fraude des chefs de l'approvisionnement et l'égoïsme des riches, qui payoient chèr cette fraude.

Il ne se fabriquoit déjà plus qu'une seule espèce de pain dans Bordeaux. D'ailleurs les matières de l'approvisionnement arrivoient dans la nuit, se partageoient à la hâte, et devoient être fabriquées dans l'heure, tant le besoin étoit pressant; il n'y avoit pas de tems à la fraude.

Sur le champ on confia à des commissaires nommés par les sections, la surveillance de l'arrivée, du partage, de la mixtion et de la manipulation des farines. Le peuple fut bientôt convaincu que les matières de l'approvisionnement étoient mauvaises, et l'on évita une seconde fois le soulèvement des pauvres contres les riches.

La municipalité autorisée par les administrations avoit envoyé des commissaires en plusieurs lieux pour requérir ou se procurer des blés et des farines. A peine en avoient-ils obtenu une très petite quantité, qu'au seul nom de commissaires de la Gironde, on ameute le peuple contre eux; dans Barbesieu notamment, ils n'échappèrent au massacre que par la fuite : on vouloit absolument affamer Bordeaux.

Néanmoins la petite quantité des grains achetés par les commissaires y parvint, il ne s'agissoit plus que de les moudre. Mais on ne pouvoit en faire l'envoi à des moulins éloignés, parce que les communes s'en seroient emparées sur la route, soit par besoin, soit pour en priver les habitans de Bordeaux qui étoient réputés en état d'insurrection.

Dans cette pénible situation les Bordelais ne voyoient personne qui peut s'occuper efficacement de leurs besoins. Les autorités constituées avoient toutes concouru à la commission dite populaire, les membres en étoient hors de la loi. La société dite des jacobins de Bordeaux avoit été le foyer de ce qu'on appelloit fédéralisme, et ne méritoit d'ailleurs ni confiance, ni considération. Alors Bordeaux, comme tant d'autres, alloit devenir la proie de fripons et d'intrigans qui cherchoient à parler au nom du peuple, dont ils ne dirigent ni n'expriment l'opinion. La masse des Bordelais méprisoit ces misérables aboyeurs, dont les uns livrés au décret qui les frappoit de mort ne devoient leur vie qu'au desir qu'on avoit de sauver les hommes de bien auxquels ils étoient associés, et dont les autres tentoient de reprendre dans ce tems de calamité, une influence qu'ils avoient toujours ambitionnée.

Telle étoit la position des Bordelais lorsqu'il se réveillèrent d'une dangereuse sécurité, pour chercher enfin le terme de leurs souffrances, reconnoître leurs moyens, et mesurer leurs forces. Il se forme tout-à-coup et spontanément une société d'hommes non connus dans la révolution, dont tout le desir est de conserver la vie à la cité et non pas de s'y arroger une dangereuse domination. Cette assemblée prend le nom de *Société de la jeunesse Bordelaise.*

Les membres de la société, au nombre de quinze cents, reconnurent d'abord la nécessité de prêter obéissance à la loi, et de n'user que par elle et pour elle du droit de s'assembler ; ils s'occupèrent après des besoins de leur patrie.

Ils contractèrent, en masse, l'obligation personnelle de déblayer les canaux et les réservoirs du moulin Teynac, qui est situé dans un faubourg, et pouvoit, par le nombre de ses meules, suffire au moulage des grains. Ils proposèrent d'aller ensuite chercher et de convoyer un approvisionnement plus considérable qui étoit offert de Cherbourg.

Tallien et son collègue Izabeau, instruits de ces généreux desseins, écrivirent à Bordeaux une longue lettre que l'on fit imprimer et afficher dans tous les carrefours. Ils y prêtèrent les plus noirs desseins à la générosité de la jeunesse Bordelaise, notamment celui de vouloir s'affranchir de la réquisition.

La jeunesse Bordelaise s'assemble à la hâte, et fait, à l'unanimité, le serment d'obéir à la loi de la réquisition; mais un serment sacré pour des adolescens, n'est pas facilement adopté par toute espèce de divinité.

Tallien et son collègue Izabeau réitèrent, par de nouvelles lettres, leurs premières inculpations; ils demandent la dispersion, par toute voie, de la société de la jeunesse.

Pour y réussir, la section dite Franklin, et qui ne renfermoit pas des meneurs de sang rassis, est invitée à s'emparer des armes, des canons, des munitions de guerre qu'ils pourront découvrir dans la ville. La section Franklin lève l'étendard, et déclare sa résolution de guerroyer contre la patrie; ils demandent qu'on leur livre quelques individus.

Tallien et son collègue écrivent de la Réole pour approuver cette démarche; ils persistent à demander la dispersion de la jeunesse Bordelaise, et pour répondre enfin aux clameurs du peuple qui avoit chaque jour la famine à ses portes, ils déclarent avoir des approvisionnemens pour rétablir l'abondance; ils attribuent aux administrateurs, qui ne s'en méloient plus, la mauvaise qualité du pain quotidien, garantissant eux-mêmes la bonté des matières par eux envoyées; ils annonçoient avec emphase, que leur arrivée prochaine rameneroit, dans cette malheureuse ville, son ancienne prospérité.

Mais point d'arrivée, continuoient ils, si la société de la jeunesse n'est dissoute, si les corps administratifs, qui avoient pris part à la commission dite populaire ne sont dispersés.

Ils accompagnoient ces brillantes promesses, et ces dangereuses conditions de menaces en cas de refus d'obéir, exagerant la force dont ils pouvoient disposer.

C'est alors que les corps administratifs dirent au peuple: notre mission étoit de procurer ton bonheur; nous quittons nos postes au moment où notre présence te deviendroit funeste. C'est alors, que la société, après avoir rappellé les intentions pures de ses membres; après avoir fait pressentir la défiance que leur inspiroient les promesses flateuses d'une prochaine abondance; après avoir dit que l'on ôtoit au peuple ses vrais défenseurs pour mieux l'opprimer, déclara se dissoudre pour n'être responsable ni de la famine, ni du sang qui alloit être versé.

Alors Tallien, à la tête de quinze cents hommes armés, accompagné d'un train d'artillerie, dirigea sa marche triomphante vers la commune pacifique de Bordeaux.

Cette armée révolutionnante fut décorée du nom de *Montagnards* ; c'étoit l'esprit du tems ; c'étoit celui de Tallien. Les subsistances promises n'arrivèrent point ; au contraire, les vivres à fournir à la garnison privèrent les habitans, jusqu'à deux fois par semaine, de leur modique ration de huit onces de pain par jour. On leur distribuoit en place quatre ou cinq onces de ris, dans lequel on mettoit des chataignes pour faire poids ; c'est ainsi qu'un chef Gaulois ajoutoit à sa volonté son épée et son casque au poids dont il rançonnoit les Romains vaincus devant le capitole.

Quant à la qualité du pain, il continua d'être infect et rebutant. On a lu, dans quelques papiers publics, le rapport qu'en a fait Tallien, lors de son retour à la Convention. Il ne manquoit qu'un mot à ce rapport : c'est que le pain, nommé pain des représentans, dont l'on cherchoit les restes à Bordeaux par friandise et par curiosité, étoit d'une blancheur et d'un goût pareil au pain dont Carrier se nourrissoit dans la malheureuse ville de Nantes.

Aussi, Tallien érigea son habile et complaisant boulanger en administrateur du district, puis en juge du tribunal militaire. Il étoit l'accolyte de cet infâme Lacombe qui vendoit la mort et la vie aux citoyens opulens. De quelle cause bon dieu venoit la blancheur du pain que savouroient ces pro-consuls ? Ce boulanger précieux a enfin subi le dernier supplice.

Un des premiers actes de Tallien dans Bordeaux, fut de mettre à la disposition de la section Franklin ou de ses meneurs, dont j'ai déjà parlé, les cinq millions de secours que la Convention n'avoit décrétés que pour la ville entière ; il est vrai qu'ils accordèrent, à cette section, la faculté d'appeller au partage quelques individus qu'ils croiroient être dans les bons principes.

De-là naïssoit une privation absolue de tout secours pour la majeure partie des habitans de Bordeaux ; de-là aussi la dilapilation d'une somme de cinq millions entre une poignée d'individus.

Les vingt-sept sections restantes se hâtèrent bien vîte de déclarer qu'elles reconnoissoient celle de Franklin pour dominatrice, pour très-excellente, pourvu qu'elle les fit participer aux cinq millions.

Qu'est devenue cette somme destinée à prévenir ou faire cesser les malheurs de Bordeaux ? Cette malheureuse commune n'a pas vu encore sa finir misère, et je ne sache pas que Tallien ait rendu compte des cinq millions.

Un peuple ainsi dévoué à la plus affreuse misère devant les cinq millions de secours qui s'épuisoient par des couloirs inaperçus, avoit besoin d'être contenu par la terreur.

Tallien y destina les quinze cents hommes qu'il avoit nommés *Montagnards*, et dont il s'étoit accompagné. Il destina au même effet des comités, des agens, et un tribunal militaire.

Il développa quelques-unes de ses vues dans un arrêté, par lequel il autorisoit les visites domiciliaires, tant de nuit que de jour, et en ordonnoit la réitération fréquente; il y déterminoit les pouvoirs des corps de sa nouvelle création.

La troupe de montagnards, entrée sans danger et sans coup férir dans Bordeaux, s'y comportoit en général avec toute la hauteur d'une soldatesque qui eut pris la ville d'assaut. Se targant d'être les vainqueurs des Bordelais, l'insolence de quelques-uns d'entre eux fut la cause de nombreux combats. Pas un Bordelais n'eut le désavantage. Deux cents montagnards y mordirent la poussière.

Tallien ordonna à cette occasion le désarmement général des habitans de Bordeaux.

Il leur fit enlever sans indemnité, sans promesse de restitution, et sans reconnoissance, pour deux millions d'armes. Il parvint par cette expoliation à augmenter l'arrogance de ses montagnards, qui aimoient à multiplier leurs insultes sans courir de risques; mais bientôt traités de lâches et de brigands, ils se virent obligés de ne marcher plus que deux à deux; et alors à chaque rixe l'un se battoit, l'autre prêtoit à un Bordelais son arme; ensorte que la terre continua d'être jonchée journellement de ces spadassins, jusqu'au moment où l'on pressa leur départ pour un lieu moins dangereux.

C'est dans cette circonstance, comme on le voit, que les Bordelais en masse se montrèrent soumis à la loi; et qu'ils surent individuellement prouver leur courage contre quelques brigands qui insultoient au mérite d'un peuple, bien autrement qu'eux civilisé.

Tallien ne se contenta pas d'enlever les armes, il s'empara de même des habits bleus, des manteaux, des bottes, des harnois de chevaux, qui étoient innombrables dans l'opulente commune de Bordeaux. La manière d'expolier les citoyens de leurs effets, étoit de leur en ordonner la remise dans 24 heures, et de les livrer ensuite aux visites domiciliaires.

Les Bordelais s'étant soumis à toutes ces rigueurs, Tallien entreprit de les révolutionner, ce mot dans ce tems-là vouloit dire : faire perdre à l'homme tout sentiment de sociabilité, allumer dans tous les cœurs les haines, les fureurs, les vengeances.

Le club fut un des principaux théâtres où il débita ces maximes insociables, parlant toujours le sabre à la main, comme Carrier le faisoit à Nantes.

L'objet de sa mission se développa surtout aux pieds des arbres qu'il fit planter en signe de liberté. Là on le vit les yeux enflammés de rage, l'arme nue à la main, d'une voix roque et suffoquée, crier au peuple assemblé : « C'est peu d'avoir planté des arbres à la » liberté ; il leur faut procurer le moyen de » vivre, et ils ne vivront pas que quand vous » les aurez arrosés de sang ». Ailleurs il s'écrioit : « C'est aujourd'hui la guerre des » pauvres contre les riches, il est tems que » les sans culottes boivent à leur tour les » vins délicieux de la Garonne ». Hélas ! le vœu de Tallien ne s'est que trop accompli, les propriétaires des plus grands vins, ou se sont rachetés à prix d'argent, ou sont péris victime de ce système de désorganisation et de terrorisme.

Bientôt après, Tallien, par un arrêté public, ordonna une taxe de cinq cent mille livres sur les riches citoyens, qu'il avoit d'abord dévoués aux vexations et fait emprisonner. Il destinoit cette taxe aux réparations des prisons.

On peut regarder comme une taxe du même genre les amendes excessives dont son tribunal militaire mulctoit les particuliers, sans aucune application de la loi, souvent même par cumulation à la peine des prisons ou autres indiquées par les décrets.

C'est contre le commerce surtout que Tallien déploya les fureurs les plus injustes. Un premier comité révolutionnaire, quoique formé par Tallien, se refusa à ces mesures désastreuses. Tallien le renouvella aussi tôt. Il se félicitoit de cette mesure dans une lettre imprimée et affichée. Il applaudissoit à

l'arrestation

l'arrestation des commerçans que venoit d'exécuter, dès les premiers jours de ses fonctions, son nouveau comité; et c'est dans le même tems que Carrier, dans Nantes, faisoit arrêter les commerçans pareillement en masse.

Ce n'étoit pas assez de vexer les personnes, d'attenter à leur sûreté individuelle; on vouloit perdre le commerce en entier; on vouloit en dénaturer les transactions. Tallien donne un nouvel arrêté, dans lequel il suppose, par une ignorance inconcevable, que les condamnations des tribunaux de commerce ne sont valables que dix jours après la prononciation; confondant la matière des banqueroutes et faillites avec les engagemens ordinaires. Par suite de cette ineptie il suspend, pour deux mois, l'exécution de toute condamnation en matière de commerce. Il a prorogé de deux autres mois cette même suspension par un autre arrêté. Dès-lors aucun commerçant n'a eu l'assurance d'être payé ni de payer lui-même.

Le systême de Tallien tenoit alors à un systême bien plus général sur les propriétés; son arrêté désignoit les droits hypothécaires comme suspects et d'un dangereux effet. Il en annonçoit la destruction très-prochaine. Ainsi les principales bases du crédit s'anéantissoient dans Bordeaux d'une manière qui n'avoit point eu d'exemple ailleurs.

Tallien qui s'entendoit si bien au commerce, a entrepris depuis d'en faire le journal ; il ne sera journal de commerce, disoit un rieur, que parce qu'il sera vendu. Il prévoyoit que l'un des destructeurs du commerce n'en pouvoit pas faire le journal.

C'est une chose curieuse d'entendre Tallien accuser Cambon d'avoir donné des gênes au commerce, lorsqu'il a renchéri lui-même sur toutes les gênes déjà connues. Le maximum, les réquisitions, les peines contre les prétendus accaparemens ont été mises à exécution sous ses yeux, avec toute la rigueur imaginable.

Et afin que rien ne lui échappât, Tallien s'est imaginé d'ordonner, par un arrêté de sa façon, que tout vendeur tiendroit un registre où il seroit tenu d'inscrire les ventes, dont le prix excéderoit cinquante livres, avec le nom, le domicile et la profession de l'acheteur ; peu s'en est fallu que Tallien ne voulut être l'intermédiaire de chaque marché.

Les espions étoient envoyés chez les marchands et devenoient dénonciateurs, témoins, et participes des confiscations.

Dans les corps constitués et dans les comités, on comptoit des banqueroutiers, des escrocs, des anciens valets, des ignorans, des hommes malfamés.

Des histrions étoient devenus juges et jouoient là, comme sur le théâtre, au dépens de la société.

J'ai déjà parlé d'un Lacombe que Tallien avoit nommé président de son tribunal militaire. Ce Lacombe, autrefois banni de Bordeaux pour fait d'escroquerie, insolvable depuis long-tems et perdu de dettes, fut dénoncé à Tallien comme infâme et indigne de son choix. Tallien imprime et fait afficher une lettre, dans laquelle il avoue que la conduite privée de Lacombe est blâmable ; mais ne croyant pas alors que la probité dût être à l'ordre du jour, il se félicite encore de son choix, supposant que l'homme le plus lâche, dans sa vie privée, peut facilement honorer une grande administration. Il couvre de son crédit l'immoralité révoltante de ce Lacombe, et parvient à étouffer toute réclamation. C'est cette affreuse lettre de Tallien qui a égorgé, par les mains de ce Lacombe, mille citoyens irréprochables, et qui en a molesté un plus grand nombre de diverses peines.

Tallien ne connoissoit pas alors la morale qu'il a débitée à trois sols la feuille, dans ces derniers tems. Il comptoit pour peu la vie des hommes. Il écrivoit, il affichoit que la guillotine, grace à ses soins, étoit permanente à Bordeaux. Il l'avoit placée à la vue de ses fenêtres ; il dénombroit les hommes qu'elle avoit fait périr ; il indiquoit ceux qui devoient subir le même sort ; et tandis que Barrère disoit : on bat monnoie à la place de la Révolution, Tallien écrivoit et affichoit que son tribunal militaire de Bordeaux produiroit 40 millions à la République. Ce soutien des montagnards n'avoit pas encore attaqué la crête de la montagne. Entr'autres victimes qu'il dénommoit, on lisoit le nom de Saige, maire de Bordeaux, que Tallien surnommoit Capet. Il faut consigner ici les circonstances qui accompagnèrent le jugement de ce maire de Bordeaux.

Armand Saige étoit issu d'une famille très-ancienne dans le commerce. Ses parens lui avoient ouvert de bonne heure une entrée dans le parlement de Guienne, autant parce qu'il avoit un jugement rare, qu'à cause de sa grande fortune.

Armand Saige s'étoit retiré, après avoir rempli quelque tems les fonctions d'avocat général ; il n'étoit attaché à aucune corporation lors de la révolution.

L'estime générale de ses concitoyens lui avoient donné la mairie, dès qu'elle avoit été éligible : il avoit rempli ce poste avec sagesse.

Mais il étoit riche, il fut donc accusé. Les Bordelais accoururent en foule à son jugement, le témoignage de sa bonne conduite fut universel. Son acquittement paroissoit infaillible, lorsque tout à coup, l'infâme Lacombe prononce contre cet homme vertueux le jugement de mort. La consternation oppresse les auditeurs, puis d'une voix unanime ils poussent un cri d'horreur et d'effroi. L'infâme Lacombe tremble sur son siège, on fait vider l'audience, on appelle la garde. Depuis ce jour l'audience ne fut plus remplie que d'hommes à quarante sols et des parens malheureux des victimes.

Je reviens aux faits qui inculpent moins indirectement Tallien.

A-peu-près dans le tems où les prisons ne pouvoient plus contenir les détenus, il fit afficher dans Bordeaux un arrêté qui déclaroit suspecte toute personne qui solliciteroit en faveur d'aucun de ces détenus. Il est vrai qu'il promit de répondre aux pétitions dans les vingt-quatre heures ; mais l'effet ne suivit pas la promesse, et ses réponses d'ailleurs n'étoient que le renvoi de chaque affaire à l'examen des comités ou des commissions. Carrier tout absolu qu'il étoit dans Nantes, n'avoit pas osé donner un arrêté aussi irraisonable et inhumain ; il s'étoit contenté de le faire prendre au comité révolutionnaire.

Je passe légèrement sur les maltraitemens personnels que recevoient les épouses, les pères, les mères, les enfans des détenus, l'annonce brutalement joviale que Tallien leur faisoit de leur supplice prochain. Je me rappellerai toujours qu'une femme intéressante, par sa physionomie et ses vertus, réclamoit justice pour son mari et deux enfans partis sur la réquisition, mais qui étoient menacés de détention. *La qualité de ton mari*, lui dit Tallien ? *Avant la révolution il étoit procureur*, lui répond cette femme, avec l'accent d'une profonde tristesse. *A la guillotine, à la guillotine*, répart brusquement Tallien, tu es bien heureuse de n'être pas arrêtée ; puis il la repousse violamment à sa porte. Ses audiences publiques, quand il en donnoit, produisoient tous les jours de pareilles scènes ; on craignoit de le rencontrer. Izabeau, son collègue, avoit plus de civilisation et d'affabilité, on ne le regardoit pas généralement comme terroriste. Tallien, seul, *carrioit* ouvertement dans Bordeaux, pour nous servir d'une expression de Tallien.

Enfin ce pro-consul rencontra dans Bordeaux même les charmes qui devoient amolir son cœur. L'espagnole Thérésia, que d'autres nomment Gabarrus et d'autres Fontenai, prit sur lui l'ascendant que peuvent donner la beauté, les graces et la raison. Les Bordelais regardèrent comme une faveur inattendue, qu'il s'ouvrit, auprès du palais des représentans, un boudoir où l'on parleroit plaisirs, clémence, humanité, raison.

Alors on vit Tallien accueillir les pétitions recommandées par *Donna* Thérésia, en recevoir de sa main, accorder une grace qu'elle auroit demandé quelquefois même au milieu d'un repas. On nomme ceux que cette déité protectrice a sauvé du fatal tranchant.

Dans des affaires épineuses, et pourtant recommandées par la belle Thérésia, Tallien enjoignoit aux comités, aux commissions, aux tribunaux, de ne rien déterminer qu'on ne lui en eut fait le rapport.

Malheureusement dans le comité révolutionnaire, un autre usage avoit déjà prévalu. Les plus terroristes apperçurent quel étoit le but inévitable de cette nouvelle marche, ils s'y prêtèrent mal ou point du tout. Plaintes amères de Thérésia; réclamation de Tallien auprès du comité; réponse du comité, indicative des notes qu'ils avoient envoyées sur les affaires en question, au comité de salut public, selon leur usage. L'on connoît assez généralement la suite de cette affaire. On fit partir soudainement le frère d'Izabeau qui étoit du nombre des Rigoristes; l'on fit arrêter aussitôt les restes du comité. Tallien prend à cette occasion un arrêté où enfin le modérantisme mitigeoit son ancienne fureur; cet arrêté présente dans le style et dans les principes, un contraste frappant avec les précédens arrêtés de Tallien; c'est de ce jour qu'il parut descendre de la crête de la montagne.

Tallien fut contraint de venir justifier sa conduite au comité de salut public; il en fut improuvé. Les membres emprisonnés de son ancien comité de surveillance, à Bordeaux y furent appellés aussi, loués de leur conduite et remis en liberté.

De-là la querelle de Tallien avec les jacobins de Paris, le vieux comité et Robespierre; de-là le silence de Tallien à la Convention jusqu'au rabaissement de ces trois autorités ; de-là ses efforts pour concourir à ce rabaissement ; de-là cette conduite artistement ménagée depuis le retour de sa mission jusqu'au 9 Thermidor, et même après, *pour n'être point pendu par les rois, comme il le dit, ni guillotiné par les terroristes*.

Mais j'oublie que je n'examine ici la conduite de Tallien qu'après l'époque de sa mission dans le département du Bec-d'Ambès.

Un des actes les plus éclattans de sa mission, fut l'arrestation de Biroteau, proscrit avec les girondins.

Le jeune Biroteau s'étoit embarqué sur un navire en qualité de novice ; son départ n'auroit point souffert de difficulté, si tous les vaisseaux n'avoient été retenus dans la rade par un embargo.

Un scélérat qui avoit tout employé pour détruire la tranquillité de la ville, qui étoit parvenu à y faire massacrer deux hommes, seul exemple de désordre donné dans cette vaste cité ; Marandon, puisqu'il faut le nommer, commis à la douanne, clubiste, journaliste, et membre enfin de la commission populaire, avoit eu par confidence le secret de Biroteau. Ce Marandon arrêté lui-même comme fédéraliste et mis hors de la loi, proposa de se racheter par la tradition de tous ceux dont il connoissoit la retraite; il livra Biroteau, il en livra bien d'autres, èt périt victime d'une longue suite de crimes, et couvert du voile ensanglanté de la trahison.

Tallien et Izabeau allèrent eux-mêmes reconnoître le novice Biroteau.. Ah! c'est toi!....... lui dit Tallien? « Moi-même, lui » répond tranquillement Biroteau; si l'in- » térêt du peuple et la raison avoient pré- » valu sur l'intrigue, je vous enverrois l'un » et l'autre à l'échafaud; usez du droit du » plus fort, je suis prêt à marcher; vous » voulez usurper le pouvoir par la terreur. » Vous êtes des tigres qui vous déchirerez » quand vous aurez égorgé ce malheureux » peuple. Si vous l'osez, laissez-moi lui parler » à ce peuple que vous trompez ». Il accusa Izabeau de n'être patriote que de quatre jours; il accusa Tallien d'avoir toujours été le vallet des grands et des hommes en crédit. Biroteau n'obtint pas le droit de parler; il fut conduit à la guillotine placée près des fenêtres de Tallien.

Un autre acte remarquable de Tallien, durant sa mission, est le renvoi du général de son armée révolutionnaire, qu'il accusoit, avec son état major, d'un trop grand luxe,

J'ai cru entrevoir la cause véritable ou l'une des causes de ce renvoi: le général, dans une courte proclamation, prévenoit les habitans de Bordeaux que c'étoit contre son ordre que quelques individus s'étoient introduits dans les maisons de plusieurs citoyens, pour y enlever des habits d'uniforme et des manteaux. Il déclaroit que lui seul pouvoit faire légalement une telle réquisition; or les individus coupables de cette expoliation étoient des agens des comités alors en faveur, et nommés par Tallien. Tallien put se croire indirectement compromis par une telle proclamation.

Quant au luxe prétendu de ce général, c'étoit une ridicule accusation. Il n'étoit connu que par sa justice, son affabilité, sa douceur. Le seul luxe alors remarquable dans Bordeaux, étoit celui de Tallien lui-même et de sa belle Thérésia.

Tallien, outre le luxe de ses repas qui auroient eu quelque rapport à ceux que l'on payoit à Paris cent écus par tête, insultoit à la misère publique, par la magnificence des chevaux et du char qui le traînoit, précédés par deux coureurs à cheval.

L'espagnole Thérésia, coëffée d'un bonnet rouge, signal non équivoque du parti que suivoit Tallien, l'embellissoit de l'éclat des diamens, l'environnoit des plus riches inventions du luxe, et ressembloit assez à Cléopâtre, attendue ou accueillie par Antoine.

On a reproché à Carrier d'avoir fermé les sociétés populaires, comprimé l'opinion, gêné la liberté; Tallien, à Bordeaux, fit fermer le club de la jeunesse bordelaise, ferma lui-même celui des jacobins, y substitua une société, alors bien peu nombreuse, qui avoit pris naissance dans un caffé, et en comprenoit les habitués. Il ferma ce dernier club encore et donna à trois hommes dont le scélérat Laccombe étoit le chef, le droit d'en recomposer une autre digne d'eux. A Bordeaux comme à Nantes, des citoyens, en sortant de la société populaire furent arrêtés pour avoir émis leur opinion; de ce nombre étoit Saint-George, qui a subi des mains de Laccombe, comme tant d'autres, la peine de mort.

On a reproché à des représentans d'avoir usé de leur pouvoir au-delà des matières révolutionnaires, et pour la distribution des propriétés. Tallien, dans Bordeaux, s'est emparé de toutes les affaires civiles, pour en attribuer arbitrairement la connoissance à quelques individus, quelque fois à un seul, dépourvu de capacité et de caractère. Un des principaux ministres d'Izabeau et de Tallion dans ce genre, se nommoit Gobbe; il auroit jugé dans quatre jours, tous les procès du monde, sans avoir jamais connu les loix. Un père et une mère divorcés se disputoient la garde d'une fille procréée de leur mariage; des arbitres de famille l'avoient donnée à la mère, en conséquence de la loi; Gobbe, créé juge d'appel à lui seul, d'un tribunal composé de quatre juges; donne la fille réclamée à une tierce personne. Tallien et Izabeau qui se reservoient toujours qu'on leur rendit compte, sanctionnent le jugement. Appointeurs de procès, quels maux vous répandiez dans le cœur d'une mère!

Pour disposer d'une propriété il n'étoit pas même besoin d'une figure de jugement. L'entreprise du spectacle principal de Bordeaux, étoit un objet majeur de spéculation; les actionnaires et propriétaires y avoient employés plus de quinze cents mille livres. Ils avoient ensuite donné l'entreprise à grosse ferme. Le fermier, à son tour, avoit des engagemens envers les artistes, des obligations avec des croupiers et fournisseurs. Les abonnemens formoient une autre sorte de convention entre l'entreprise et une partie des habitués de la salle; chacun de ces droits formoit une propriété.

Cette entreprise est enviée par de misérables histrions placés sur un petit théâtre de foire, ou qui valloit moins encore. Ils n'offroient entr'eux tous aucune fortune, aucune responsabilité. Ils avoient joué quelques-unes de ces misérables pantalonades qui familiarisoient le peuple avec les scènes les plus effectives de la terreur. Avec ce titre, ils obtiennent, par un arrêté de Tallien, le droit d'envahir la grande entreprise des spectacles. Ils en expulsent les fermiers; ne composent aucunement avec les propriétaires; suppriment le droit des abonnés; laissent les artistes engagés, les fournisseurs et les créanciers privés du gage de leurs créances. Ces histrions parurent comme des marionnettes sur ce grand théâtre; ils y perdirent le peu de vogue qu'ils avoient eu dans un lieu mieux proportionné à leur stature; et le public y perdit à la fois deux spectacles.

Les noyades, les fusillades, les sabrades, il est vrai, n'ont pas eu lieu dans Bordeaux; mais l'ordre d'exporter les prêtres quand la mer n'étoit pas libre, a été formellement donné. S'il y a été sursis, c'est uniquement parce qu'il ne s'est pas trouvé des marins déterminés à l'exécuter.

Au lieu de cela, les prêtres (ce sont encore des hommes) ont été traités avec l'inhumanité qu'ont partout exercée les terroristes, sans distinction d'âge, sans égard pour la vieillesse d'un grand nombre d'entr'eux. Les prêtres, à Bordeaux, ont subi des traitemens aussi horribles que les trente-deux Nantais menés prisonniers à Paris, couchés sur du fumier ou sur la terre, dans des lieux entr'ouverts de toute part aux injures de l'air ; entassés ou dispersés dans les creneaux remplis de bourbe d'un donjon nommé le Pâté, devant la petite ville de Blaye ; reportés dans Bordeaux, et amoncelés dans un parc infect, sans vêtemens, sans presque aucune nourriture, sans consolation, sans secours ; ils ont plus souffert que de mille déportations : la plupart sont morts dans les angoisses les plus affreuses.

Les autres détenus n'ont pas été quelquefois traités avec plus de douceurs. Privés de respirer l'air, parce qu'on fermoit les ouvertures des maisons d'arrêt ; privés de voir leurs parens, leurs amis, et de faire parvenir leurs moyens de justification, ils étoient destinés à une horrible boucherie. A Bordeaux comme à Nantes, comme à Paris, ce traitement inhumain disoit à tous les hommes; qu'il importe peu de vivre un jour de plus.... Je m'arrête, car les détails de ces vexations seroient infinis.

En comparant la conduite qu'a tenu Tallien dans Bordeaux, à celle de divers représentans envoyés ailleurs en mission, j'y trouve des traits de ressemblance frappans. Cette ressemblance de tant d'actes de férocité, en indique une source commune. Le système de la terreur, des vexations et du brigandage étoit organisé.

Tallien, et vous tous qui en avez été en divers lieux les instrumens, vous avez opprimé vos malheureux concitoyens. Les morts crient vengeance; les survivans demandent contre vous une garantie. Répondez. Avez-vous été des tyrans volontaires, participes du conciliabule criminel dont vous fûtes les émissaires ?

Ah ! si vous n'en fûtes que les instrumens aveugles et forcés, venez joindre vos larmes aux nôtres; venez nous prêter des moyens et des forces pour démasquer nos tyrans.

Où sont les ordres de rigueur qui vous ont commandé vos actions ? Où sont les peines, les menaces, les craintes effrayantes du tourment et de la mort, qui troubloient votre imagination et dénaturoient votre volonté?

lonté? Indiquez-nous aussi quelle consolation vous éprouviez quelquefois à affranchir, dans le secret, les victimes qui ne vous étoient pas signalées.

Vous n'avez eu ni ordres, ni menaces, ni craintes suffisantes et raisonnables; vous n'avez quitté la route de la tyrannie, que pour fuir vos complices plus féroces, et qui vouloient, à votre tour, vous égorger. En les dénonçant, vous ne rapportez pas les actes par lesquels ils ont forcé vos mains à verser le sang des Français......... Je ne demande point votre tête...., mais je veux la censure sur votre nom. Le voile dont se couvroit les brigands s'est déchiré dans leurs discussions; chacun d'eux en a voulu saisir un lambeau; et se croyant enveloppé, il a crié sur ses complices. Mais la France vous voit, terroristes de toutes les espèces, et ceux qui échapperont au glaive de la loi, n'échapperont pas au mépris.

Tallien ne s'est pas contenté de dénoncer les terroristes qu'il avoit trop bien servi, il a voulu mériter grace aux yeux des Bordelais, ou plutôt, persuader à la République qu'il étoit l'ange tutélaire des habitans de Bordeaux. Il a sollicité le rapport du décret qui déclaroit la commission populaire de Bordeaux et ses adhérans en insurrection.

Mais, lors de cette motion de Tallien, il étoit instruit qu'une députation nombreuse de Bordeaux, qui arriva le lendemain, étoit en route pour ce même objet, et qu'elle devoit être appuyée par Garnier de Saintes. Il ne fit donc que ravir aux Bordelais l'idée de leur justification, et prématurément rappeller, ce qu'il savoit déjà, qu'ils ne pouvoient manquer d'obtenir.

Mais pourquoi Tallien provoque-t il l'examen le plus sévère de sa conduite ? C'est qu'il se croit enveloppé d'un secret impénétrable ; c'est qu'il croit que la série de ses arrêtés et des lettres qu'il a publiés, ne sont restés dans le souvenir d'aucun observateur, ou d'aucun opprimé ; c'est qu'avec des dénonciations, des motions, des pamphlets et des journaux, il croit tout le public circonvenu de fausses apparences.

Dès qu'il a dit : *Je livre ma conduite à la censure*, il auroit dû indiquer l'ensemble des actes qui conservent les traces de cette conduite, ses écrits, ses discours, ses arrêtés, les comptes de toute sa mission dans le département du Bec-d'Ambès. Il a cru que, dans Paris, on ne connoîtroit que ses actions du deux Septembre ; c'est le seul objet qu'il offre ouvertement à la critique. Examinons les faits et gestes de Tallien à cette fameuse époque.

§ I I I.

TALLIEN à l'époque du 22 Septembre 1792.

Tallien inculpé devant la Convention nationale d'être complice des massacres du 2 Septembre 1792, d'avoir été dès-lors le partisant du système de la terreur, s'en est défendu de deux manières; l'une plus prompte et plus directe, en rendant compte sur-le-champ de sa conduite et de ses motifs; l'autre plus réfléchie mais indirecte, en faisant publier par Félhémési, son secrétaire, les faits du 2 Septembre, et leur donnant le titre de *vérité toute entière*, ou *causes secrètes* des évènemens de cette journée. Je destine une section à chacune de ces deux défenses ; la seconde sur-tout a besoin d'être examinée en détail, quoiqu'elle ne paroisse pas être du fait personnel de Tallien; on n'aura pas oublié sans doute les rapports que je lui ai vu avec Félhémési. Un autre observation d'ailleurs me porte à croire que la *vérité toute entière* est de Tallien ou donnée d'accord avec lui ; c'est que Tallien avoit besoin de cette seconde justification, et qu'il l'avoit compris, si l'on en juge par son journal.

PREMIÈRE SECTION.

Réponse directe de TALLIEN *sur les faits du 2 Septembre 1792.*

L'inculpation proposée par Cambon contre Tallien, au sujet des évènemens du 2 Septembre, étoit appuyée sur ce que Tallien, quelques jours avant cette funeste époque, l'avoit annoncée comme pétitionnaire à la barre de l'Assemblée nationale.

Tallien fait à cette inculpation, trois réponses : 1°. Il n'étoit venu à la barre de l'Assemblée nationale faire pressentir ces évènemens, que comme organe ministériel de la commune de Paris, dont il étoit simplement le secrétaire ; 2°. Le 2 Septembre il défendit et sauva Jouenneau du massacre ; 3°. Il se jetta entre les séditieux et les prisonniers du Temple, pour en éloigner les assassins. Soumettons ces trois réponses à une impartialle censure.

1°. La qualité de secrétaire qu'avoit alors Tallien, près de la municipalité de Paris, n'est pas un titre nécessairement exclusif de participation volontaire aux mouvemens de la municipalité factieuse. Le secrétaire a-t-il agi bénévolement, ou non, dans le sens de la municipalité ?

D'abord, il ne paroît pas vraisemblable que la municipalité de Paris alors environnée de nombreux partisans, assez puissante pour oser prétendre à dicter des loix au corps législatif, eut choisi pour son organe, au milieu de ses nombreux affidés, l'individu le moins dévoué à son sistême de domination.

Il est apparent, au contraire, que sa confiance n'aura été donnée qu'au plus zélés de ses serviteurs, à celui dont l'ardeur s'étoit le plus démontrée, et qui avoit écarté de lui toute idée qui auroit pu le faire soupçonner de devoir foiblir un jour.

Il faut se mettre à la place des acteurs, se reporter aux tems, au lieu de l'action; puis entrant dans le secret du conseil des factieux, délibérer un moment avec eux et comme eux. La conjuration est formée, les conjurés font le serment de fidélité qu'ils se doivent ; tous ont le secret de l'explosion prochaine ; il leur faut un orateur : iront-ils le prendre hors le cercle des témoins confidentiels de leurs complots? Non;

non : le secrétaire et le témoin d'une telle faction en est le complice.

Mais supposons que la municipalité eût voulu s'exposer à la contrariété de l'homme étranger à ses complots, qu'elle choisissoit pour organe; supposons aussi, car il le faudroit pour l'innocence de Tallien, que révolté d'avoir été l'instrument d'un acte subversif de la société, il ait fait résistance ou témoigné son mécontentement : que fera la municipalité ? que feront les membres les plus accrédités de la faction ; s'ils ne traînent dans les cachots ou à la mort ce serviteur suspect, ils le réduiront à une entière nullité.

Tallien, au contraire, distingué des serviteurs à gage, est bientôt porté à la magistrature, et devient l'égal, comme il étoit l'affidé, de ceux qu'il a servi. Un pouvoir qui leur est commun à tous, le porte avec tous les autres, au poste éminent où il doit représenter la nation, se formant en Convention. Certes, si la municipalité est coupable, Tallien qui en étoit l'organe et en a partagé d'abord après le crédit et les honneurs, ne peut être innocent.

L'on pourroit examiner si Tallien, dans la suite, et au sein de l'Assemblée nationale, a signalé les hommes dont il dit avoir été dupe le 2 Septembre, avoir servi à regret la fureur et l'atroce improbité; si les hommes qu'il voudroit rappeller de l'échafaud au Panthéon, étoient tout-à-fait étrangers à ce grand complot; mais les détails fatiguent et présentent trop de jour à la contradiction. Le choix volontaire de la municipalité, le partage suivant de leur crédit et de leurs honneurs, écartent cette réponse de Tallien : *je n'étois que le secrétaire de la municipalité.*

2°. Tallien a sauvé Jouenneau du massacre: mais on lit dans Félhémési qu'un Marseillais en sauva quelqu'autre; qu'un boulanger en fit autant; qu'un Jourdan prêta aussi son secours à quelqu'individu de sa connoissance. C'est-à-dire que les auteurs principaux de ces catastrophes, pouvoient, au besoin, les suspendre ou en modérer l'effet; il n'y a rien là de bien étonnant; c'est un singulier moyen de prouver que l'on n'étoit pas du complot.

D'autre part, les raisons qui sauvèrent Jouenneau pouvoient bien être dans le sens de la faction. Il y a des rapports, nous a-t-on dit dans les écrits attribués à Tallien, entre la journée du 2 Septembre et celle du 31 Mai. Or la journée du 31 Mai, comme on le sait, étoit préparée contre les girondins, entr'autres. La journée du 2 Septembre étoit donc elle aussi anti-girondine. Et qui ne sait pas que Jouenneau étoit à l'Abbaye pour avoir insulté, maltraité un des girondins ?

S'il devoit entrer dans le sens de la faction de sauver Jouenneau, son salut inculpe celui qui l'a procuré, d'une intime complicité dans les secrets les plus cachés de la faction.

3°. Le secours prêté par Tallien à la maison du Temple, est une justification du même genre que la précédente. Où vouloit-on aller par le brigandage et l'anarchie ? non pas à la liberté, non pas au gouvernement démocratique. Ce jour même, où l'on massacroit tous les prisonniers, sous prétexte que l'ennemi étoit aux portes de Paris, l'on respecta, l'on défendit les seuls prisonniers qui dirigeoient sur Paris les efforts des ennemis, et dont la délivrance et le couronnement étoient, pour nos émigrés et leurs satellites étrangers, le prix de la victoire.

Cambon et un autre représentant ont dénoncé le projet qui avoit existé de relever le trône. Tallien a écarté l'examen de ce complot, en ridiculisant l'un, en accusant l'autre de trahison, pour avoir parlé trop tard. Tallien parle, avec ménagement, de Pitt et de Cobourg; ils ont causé, selon lui, moins de mal à la République que nos derniers gouverneurs; il a presque dit gouvernement. Puis il se lamente sur nos finances, sur nos subsistances, sur les besoins du peuple. Il propose le licenciement d'une partie des troupes; il a donné des éloges au royaliste Montmorin.

Tallien, défenseur des prisonniers du Temple, non étranger aux massacres du 2 Septembre 1792, est dans ses réponses et dans sa conduite, d'une inconséquence qui lui sera funeste, et qui perdroit la République, si le sort pouvoit lui en être livré.

SECTION II.

Seconde réponse de Tallien sur les évènemens du 2 Septembre 1792.

J'ai dit ailleurs que l'écrit de Félhémési, les évènemens du 2 Septembre, devoient être être imputés à Tallien, comme nécessaires à sa défence, et d'ailleurs publiés par un de ses agens.

La nécessité pour Tallien de faire une réponse aux faits dont l'inculpoit Cambon, et de la faire différente qu'à la tribune de la Convention, résulte évidemment de ce qui a été dit dans la section précédente.

La vérité toute entière fut destinée à cet objet. Le but général de l'écrivain, dans ce pamphlet, est de fixer l'attention sur les détails de la journée du 2 Septembre, sans y laisser paroître le personnage de Tallien. A cette petite astuce près, il est difficile de trouver un ouvrage plus mal conçu dans les circonstances. Le mépris envers le peuple et le dessein de l'opprimer y sont gravés à chaque page.

Ici, il est dit que *dans la révolution*, qui a rétabli l'égalité et la liberté, *on croit voir que l'homme est méchant.*

Là, on rapporte l'épigramme de montagne contre le peuple : *animal sellé, bridé, attendant le premier cavalier qui voudra le grimper.*

Plus loin on définit le peuple avec Charron, *une bête étrange à plusieurs têtes qui soutient et favorise les brouilleurs et remueurs, ingrat envers ses bienfaiteurs, au point qu'il n'en échappera pas un de ceux qui procurent le salut du peuple.*

L'auteur dit bien quelques quolibets à Montagne, sur sa noblesse, à Charron sur son doctorat, pour diminuer l'autorité de leur discours; mais quand il passe à une réponse sérieuse, loin de justifier le peuple, il déclare que les meneurs sont seuls responsables des erreurs ou des fautes populaires.

Ce n'étoit pas assez d'avilir le peuple, de le disposer à se laisser ameuter, de décourager ses bienfaiteurs, il falloit lui désigner le gouvernement comme premier objet de sa haine, et tout de suite l'auteur prétend que le gouvernement est cause des mouvemens populaires, *en donnant toutes les subsistances à la queue, par effort et contrainte, en déterminant l'exaspération générale*; qu'eut on pu dire de plus, dans ces têms difficiles, pour susciter des insurrections tumultueuses.

Il ne faut pas croire, au reste, que rien de tout cela appartienne aux causes secrètes du 2 Septembre. C'est une divagation hors du sujet; c'est un épisode de choix et de circonstances, ajusté à l'ouvrage par le goût de l'auteur.

Enfin, il passe au récit des faits de cette journée désastreuse. Il en impute les préparatifs et la machination à Gorsas et Brissot. L'un, dit il, avoit le dessein de faire égorger Morande, l'autre, de faire égorger St-Luçe, desquels ils avoient éprouvés quelques plaisanteries et qu'ils savoient être détenus. Quelle cause ridicule d'un massacre effrayant? Sans doute qu'on n'en croira pas Félémési sur parole ; mais l'on tirera une induction juste de son récit ; cest qu'il y a eu des auteurs, des excitateurs de cette journée ; qu'elle n'a pas été produite, ainsi que le dit quelque part un inculpé, par le penchant du peuple.

Félhémési prend ici le ton prophétique. Il va ouvrir aux autres la scène qu'il a parcourue. *Lecteur prend place : écoute : vois : les masquent tombent : la lumière paroît : je lève le rideau : tu vas voir ! ! !*

Puis tout de suite il essaye de diminuer l'horreur qu'inspire cette affreuse journée ; il croit y parvenir en la comparant aux massacres judiciaires qui l'ont ultérieurement suivie. Bientôt après il veut encore faire diversion à son sujet, en rappellant la journée du 10 août, les jugemens du 17 du même mois contre Laporte et Brhkmann.

Enfin il découvre les premières causes du massacre du 2 Septembre, dans le jugement qui acquitte Montmorin, en convenant toutefois que le peuple se contenta de remettre cet accusé dans les prisons.

Seconde cause des massacres du 2 Septembre, la prise de Verdun par nos ennemis. C'étoit un dimanche; dès le matin l'évènement de Verdun est annoncé; on craint pour la sûreté de Paris; on tire le canon d'alarme; on sonne le tocsin; on fait une proclamation; on court aux armes. L'on s'écrie de toute part, nos plus grands ennemis sont dans les prisons; avant de partir allons au prisons.

Il ne faut pas croire que le jugement public de Montmorin, le canon de Verdun et la rumeur du peuple qui courroit aux armes, fussent des causes secrètes. Epions donc celles que va nous dévoiler Félhémési.

Ce fut ce jour, dit il, *que nacquit l'invention des conspirations dans les prisons.*

Félhémési, *lèves donc le rideau*, *que la lumière paroisse*, *que les masques tombent.*

Dans quel conciliabule, par qui, comment cette invention infernale fut-elle produite? qui t'en fit la confidence dangereuse? c'est-là le secret que les amis de la justice te demandent; le rideau est baissé; les masques sont remis; la lumière n'a pas étendu ses jets jusqu'au peuple.

Si nous ne voyons pas les causes, apprenons les effets : l'auteur se trouve dans la rue Dauphine au moment où passoient, dans le même lieu, des prisonniers conduits en voiture, et qu'on transféroit de la commune à l'Abbaye ; devant lui se forme le premier ameutement, et commence le massacre. Il voit le nombre des voitures, il compte le nombre des prisonniers, reconnoît la nature des blessures qu'ils reçoivent, a le tems et le moyen de les signaler ; il suit les égorgeurs à l'Abbaye, dans la cour et dans les prisons ; il assiste à la formation d'un prétendu tribunal, qu'il reconnoît formé par des escrocs apostés ; il entre dans le secret de toutes leurs délibérations ; il recueille leurs discours et leurs jugemens ; il entend les défenses et les exceptions de chaque accusé ; il est présent quand on crie par la grille de la chambre où se tenoit le conciabule égorgeur, que le peuple demande la mort des Suisses détenus ; il est présent quand les suisses frappés de terreur refusent de sortir de la prisons ; il voit ces malheureux Helvétiens se blotir dans des tas de paille, au fond des cachots pour n'en être pas arrachés ; il les entend se plaindre de l'impunité des chefs et de la vengeance exercée sur eux seuls ; il assiste à la délivrance de quelques prisonniers reconnus ou protégés par les plus déhontés de cette faction cannibale ; il nomme, reconnoît ou signale les protecteurs et les protégés ; il suit toute cette horde sanguinaire dans le cabaret où elle va passer la nuit, ou les restes de cette nuit effroyable ; il l'assiste à son entrée dans le comité de la section ; il est encore à son poste quand Billaud-Varrennes vient y faire sa harangue, promettre 24 livres à chaque travailleur, et leur départir d'un mot la dépouille des assassinés... Je ne puis tenir à l'audace de ce long récit ; je laisse à d'autres de juger, si ce narrateur impudent étoit chef ou sattellite de cette émeute ?

Lorsqu'on fera le procès aux égorgeurs du 2 Septembre, car le peuple a droit à cette justice, Félhémési sera accusé par son récit, comme Tallien par ses réponses. On recherchera les causes qui ont uni ces deux hommes ; on demandera si la personne unique, témoin de tous les faits racontés, est Tallien ou Félémési. Après avoir lu ce qu'ils ont écrit, c'est dans leur conscience et non dans leurs futiles pamphlets, qu'on recherchera les causes du 2 Septembre.

J'ai cédé au besoin qu'avoit ma patrie d'être défendue ; elle n'a été mise en danger que par des hommes dont la réputation étoit usurpée. Il est important de connoître la source des réputations nouvelles. Je sais bien que les censeurs exciteront contre moi les haines et les vengeances privées ; aussi ne veux-je pas me charger d'une censure générale ; je veux qu'on laisse à leur souvenir, ces hommes qui ont la conscience de leurs travers ou de leurs crimes. C'est assez pour le bien public, de traîner devant l'opinion censoriale, ceux qui, n'ayant point su se censurer, prêtent à tout un peuple même bienveillance ou même incapacité.

REIMON.

De l'Imprimerie de REIMON.

www.ingramcontent.com/pod-product-compliance
Ingram Content Group UK Ltd.
Pitfield, Milton Keynes, MK11 3LW, UK
UKHW021145220726
13924UKWH00003B/1020